BEI GRIN MACHT SICH IHR WISSEN BEZAHLT

- Wir veröffentlichen Ihre Hausarbeit, Bachelor- und Masterarbeit

- Ihr eigenes eBook und Buch - weltweit in allen wichtigen Shops

- Verdienen Sie an jedem Verkauf

Jetzt bei www.GRIN.com hochladen und kostenlos publizieren

Bibliografische Information der Deutschen Nationalbibliothek:

Die Deutsche Bibliothek verzeichnet diese Publikation in der Deutschen Nationalbibliografie; detaillierte bibliografische Daten sind im Internet über http://dnb.d-nb.de/ abrufbar.

Dieses Werk sowie alle darin enthaltenen einzelnen Beiträge und Abbildungen sind urheberrechtlich geschützt. Jede Verwertung, die nicht ausdrücklich vom Urheberrechtsschutz zugelassen ist, bedarf der vorherigen Zustimmung des Verlages. Das gilt insbesondere für Vervielfältigungen, Bearbeitungen, Übersetzungen, Mikroverfilmungen, Auswertungen durch Datenbanken und für die Einspeicherung und Verarbeitung in elektronische Systeme. Alle Rechte, auch die des auszugsweisen Nachdrucks, der fotomechanischen Wiedergabe (einschließlich Mikrokopie) sowie der Auswertung durch Datenbanken oder ähnliche Einrichtungen, vorbehalten.

Impressum:

Copyright © 2018 GRIN Verlag
Druck und Bindung: Books on Demand GmbH, Norderstedt Germany
ISBN: 9783668663831

Dieses Buch bei GRIN:

https://www.grin.com/document/416984

Sabine Utheß

Entwicklung des synthetischen Lesens im Fremdsprachenunterricht der Sekundarstufe I

GRIN Verlag

GRIN - Your knowledge has value

Der GRIN Verlag publiziert seit 1998 wissenschaftliche Arbeiten von Studenten, Hochschullehrern und anderen Akademikern als eBook und gedrucktes Buch. Die Verlagswebsite www.grin.com ist die ideale Plattform zur Veröffentlichung von Hausarbeiten, Abschlussarbeiten, wissenschaftlichen Aufsätzen, Dissertationen und Fachbüchern.

Besuchen Sie uns im Internet:

http://www.grin.com/

http://www.facebook.com/grincom

http://www.twitter.com/grin_com

Sabine Utheß

Eine erfolgreiche Entwicklung des stillen Lesens im Fremdsprachenunterricht der Sekundarstufe I

Es besteht heute wohl kein Zweifel daran, dass das Lesen als eine entscheidende Form der Informationsgewinnung sowie des Wissenserwerbs eine zentrale Zielkompetenz im Fremdsprachenunterricht darstellt. Als eine Schwerpunktaufgabe weisen die meisten Fremdsprachenlehrpläne Herausbildung einer **synthetischen Lesehaltung** aus. Was ist darunter zu verstehen, und in welchem Verhältnis steht diese Aufgabe zu den lebenspraktischen Leseanforderungen?

Ein „Anfänger" liest die ersten fremdsprachigen Texte analytisch und übersetzend. Zwischen der Rezeption der Graphemkomplexe und dem Inhaltsverstehen besteht eine mehr oder weniger große Zeitdifferenz. Diese ist darauf zurückzuführen, dass die einzelnen Sprachzeichen wegen des Fehlens entsprechender Automatismen bewusst analysiert und übersetzt werden müssen, um zum Verständnis zu gelangen. Dieses mittelbare Verstehen ist sehr zeitaufwendig und verhindert oder erschwert zumindest die fließende Sinnentnahme, weil die Aufmerksamkeit der Die Leserinnen oder Leserin oder des Die Leserinnen oder Lesers zu einem großen Teil für die analytisch-übersetzende Wort-für-Wort-Decodierung beansprucht wird. Das das Lesen vorantreibende Motiv, nämlich das Bedürfnis nach neuen und interessanten inhaltlichen Informationen, kann kaum zur Wirkung gelangen.
Deshalb macht es sich notwendig, an der Ausbildung einer rationelleren Form des Lesens zu arbeiten. Eine solche ist das **synthetische Lesen**, das durch ein unmittelbares Verstehen gekennzeichnet ist: Die Zeichen werden ganzheitlich erfasst, und die Verstehensprozesse verlaufen synchron. Im Unterschied zum analytischen und übersetzenden Lesen entfallen die Zwischenglieder – das

bewusste Zuordnen zu grammatischen Kategorien, das Feststellen deren Funktion und das Übersetzen des Analysierten. Ein solches Lesen schließt natürlich analytische und übersetzende Phasen nicht völlig aus, allein sie beschränken sich auf sehr wenige Textstellen.

Welche Fähigkeiten setzt nun das synthetische Lesen voraus? Im Wesentlichen handelt es sich dabei um folgende:

- die Fähigkeit des differenzierten Perzipierens und Apperzipierens von Graphemen und Graphemfolgen; das ist gewissermaßen die Grundvoraussetzung,

- die Fähigkeit des schnellen Assimilierens und Assoziierens der Graphemfolgen mit ihren Bedeutungen auf der Grundlage des gegebenen sprachlichen und außersprachlichen Kontextes; das sind

- die Fähigkeit, möglichst umfangreiche Ganzheiten (Syntagmen, Sätze, Gedankenabschnitte) komplex zu erfassen
- die Fähigkeit, ohne bewusste lautliche Umsetzung und ohne starke innere Phonation zum Textverständnis zu gelangen
- die Fähigkeit, vermöge einer auf die Redundanz der aufgenommenen Zeichen und Inhalte gegründeten Fortsetzungserwartung sprachliche und sachliche Informationen in der fremden Sprache zu ergänzen
- die Fähigkeit, logische Zusammenhänge und den logischen Aufbau von Texten zu erkennen
- die Fähigkeit, unbekanntes Wortmaterial ohne Hilfsmittel zu erschließen
- die Fähigkeit, unbekanntes Wortmaterial mit Hilfsmitteln rationell zu erschließen.

Die Ausbildung des synthetischen Lesens ist allerdings anspruchsvoll. Es ist in der allgemeinbildenden Schule nur in Ansätzen, als eine entsprechende Grundhaltung erreichbar. Die synthetische Lesehaltung muss systematisch, von Beginn des Fremdsprachenunterrichts an entwickelt werden. Dazu bedarf es bestimmter Vorgehensweisen bei der **Arbeit mit Lesetexten** sowie einer Vielzahl **spezieller Leseübungen.**

Die Lesearten im Fremdsprachenunterricht

Orientierendes Lesen
Zur kommunikativen Zwecksetzung:
Beim orientierenden Lesen versuchen die Leserinnen und Leser, einen ersten Überblick über den Text zu gewinnen.
Zwei Fragen können zum orientierenden Lesen führen:
- Enthält der Text bestimmte benötigte Informationen?
- Welche Schwerpunkte behandelt der Text? Welche Problematik wird abgehandelt und welchen Wert haben diese Informationen für die Die Leserinnen oder Leserin oder den Die Leserinnen oder Leser?
Stellt sich heraus, dass die Informationen für die Die Leserinnen oder Leserinnen oder Die Leserinnen oder Leser unwichtig sind, werden sie es mit dem orientierenden Lesen bewenden lassen. Demzufolge ist dieser Leseart in der Lesepraxis eine Eigenständigkeit zuzusprechen.

Beim orientierenden Lesen lassen sich die Leserinnen und Leser von Überschriften, Hervorhebungen, vom äußeren Aufbau des Textes leiten. Es beruht auf einem komplexen Erfassen bestimmter Ganzheiten. Vor allem wird versucht, Schlüsselwörter, Schlüsselwortgruppen und Schlüsselsätze zu erfassen. Hierin äußert sich auch der fremdsprachenmethodische Wert des orientierenden Lesens. Es kann in einem beachtlichen Maße der Herausbildung einer synthetischen Lesehaltung dienen:
Erstens trägt das orientierende Lesen zur Erhöhung des Lesetempos bei, weil die Leserinnen und Leser einfach gezwungen werden, möglichst rasch möglichst umfangreiche sprachliche Ganzheiten aufzunehmen und vom Wort-für-Wort-

Lesen abzugehen. Die im Gedächtnis gespeicherten Informationen werden synchron mobilisiert, damit aufgrund der wenigen rezipierten Zeichen die erforderlichen Informationen ergänzt werden können.

Zweitens sind Leserinnen und Leser beim orientierenden Lesen gezwungen, ein analysierendes und übersetzendes Vorgehen einzuschränken.

Hauptgedanken erfassendes Lesen

Zur kommunikativen Zwecksetzung:
Diese Leseart ist in der Praxis weit verbreitet. Sie wird bei der fremdsprachigen Lektüre von publizistischer, belletristischer und wissenschaftlicher Literatur verwendet. In der Fremdsprachenmethodik wird dieses Lesen manchmal auch als kursorisches Lesen bezeichnet. Das Hauptgedanken erfassende Lesen bezweckt meist nicht so sehr Erkenntnisgewinn bzw. schriftliche Speicherung und Verwendung der gewonnenen Informationen. Die Leserinnen und Leser lesen den betreffenden Text (einen Artikel, ein Buch), weil dieser interessant und unterhaltsam ist. Mitunter ist deshalb bei dieser Leseart auch von einem informa-torisch-unterhaltenden Lesen die Rede. Diese Leseart ermöglicht Leserinnen und Lesern eine zügige Information. Sie vermeidet angestrengtes schleppendes Lesen. Es geht bei ihr um ein summarisches Erschließen der Hauptgedanken der einzelnen Textabschnitte (in der gegebenen Reihenfolge). Meinen die Leserinnen und Leser das Wesentliche eines Abschnittes erfasst zu haben, gehen sie zum nächsten Abschnitt über. Sie überspringen gewissermaßen das, was sie für nebensächlich halten.

Der Hauptgedanke eines Textabschnittes kann durch eine Aussage (einen Satz) unmittelbar repräsentiert sein. Oft liegt er aber nicht unmittelbar ausformuliert im Textabschnitt vor, sondern muss als Ergebnis der Abstraktionstätigkeit der Leserinnen und Leser gewonnen bzw. innersprachlich formuliert werden.

Beim Hauptgedanken erfassenden Lesen überwiegt das synthetische Lesen. Analytisches und übersetzendes Lesen wird nur an den Stellen praktiziert, wo es sich um eine für das Erschließen des Hauptgedankens notwendige Information handelt und diese aufgrund der sprachlichen Schwierigkeit nur analytischübersetzend erschließbar ist. Sprachlich schwierige nebensächliche Informationen hingegen werden nicht erschlossen. Sie werden „übersprungen".

Es ist aber anzumerken, dass das summarische Erfassen der Hauptgedanken der Abschnitte eines Textes *nicht* identisch ist mit dem Erfassen des wesentlichen Inhalts eines Textes. Der Hauptgedanke eines Textabschnittes widerspiegelt zwar das Wesentliche dieses Abschnittes, die Summe der Hauptgedanken ergibt jedoch meist nicht zugleich den wesentlichen Inhalt des Gesamttextes. Dessen Ausgliederung erfordert in der Regel eine zusätzliche Abstraktionsleistung auf der Grundlage der insgesamt im Text enthaltenen Informationen.

Zur Auswahl und Gestaltung der Lesetexte:
Bei der Ausbildung des erforderlichen Könnens in dieser Leseart spielen geeignete Texte eine wesentliche Rolle. Außer den allgemein für Lesetexte im Fremdsprachenunterricht geltenden Kriterien müssen bei einem Text, der dem Hauptgedanken erfassenden Lesen zugrunde gelegt wird, nach Möglichkeit folgende Bedingungen erfüllt sein:

- Der Text muss eine hinreichende Länge aufweisen. 300 Wörter sollten in der Regel nicht unterschritten werden. Der Text sollte in 8 bis 10 kurze, aber relativ selbständige Abschnitte zu gliedern sein.
- Im Text muss eine hinreichende Menge an nebensächlichen Informationen enthalten sein, deren „Überspringen" den Verständnisfluss nicht behindert. Dabei ist es am günstigsten, wenn Haupt- und Nebeninformationen relativ gleichmäßig über den gesamten Text verteilt auftreten, wenn also jeder Textabschnitt einen Hauptgedanken zum Ausdruck bringt, um den herum bestimmte nebensächliche Informationen gelagert sind. Ungünstig hingegen sind Texte, in denen die Hauptinformationen an einer Stelle konzentriert auftreten,

weil dann zu deren Erschließung in aller Regel ein detailliertes Lesen erforderlich ist.

- Die sprachliche Schwierigkeit des Textes darf nur so groß sein, dass beim Lesen die unmittelbare Sinnentnahme über weite Strecken hinweg möglich ist und eine synthetische Lesehaltung gefördert wird. Eine Vielzahl unbekannter Wörter und komplizierter syntaktischer Strukturen verleitet zum analytisch-übersetzen-den Lesen.

Meist wird das Höchstmaß an unbekannter Lexik (in Prozenten) in den Fremdsprachenlehrplänen angegeben. Im Lernprozess aber, besonders zu Beginn der jeweiligen Lernstufe, sollte die angegebene Menge unbekannten Wortschatzes eher unter- als überschritten werden (zugunsten eines höheren Lesetempos). Dabei ist allerdings zu beachten, dass die unbekannten Wörter in der Regel als Schwierigkeiten nur dann ins Gewicht fallen, wenn sie an Textstellen auftreten, deren Erschließung für das Erfassen des Hauptgedankens notwendig ist. Nur dann müssen sie ja semantisiert werden.

Zur akzentuierten Ausbildung von Operationen:

Die Beherrschung des Hauptgedanken erfassenden Lesens verlangt den Vollzug verschiedener geistig-sprachlicher Operationen, die insgesamt das entsprechende Leseverfahren kennzeichnen. Es darf allerdings nicht vorausgesetzt werden, dass diese geistigen Operationen schon in hinreichender Qualität vorliegen. Es ist deshalb große Aufmerksamkeit auf ihre systematische Ausbildung zu legen.

Der springende Punkt bei dieser Leseart ist offensichtlich das Ausgliedern der Hauptgedanken der einzelnen Textabschnitte. Ein Hauptgedanke (das Wesentliche, die wesentliche Aussage, der wesentliche Inhalt) eines Textabschnittes kann je nach dem Charakter des Textes durch verschiedene **geistig-sprachliche Operationen** ausgefiltert werden:

- Durch (meist unwillkürliche) Verkürzung und Selektion finden geübte Leserinnen und Leser im Prozess des Verstehens den Satz im Textabschnitt, der den Hauptgedanken explizit zum Ausdruck bringt. Er hebt damit die wesentliche Aussage von den anderen, unwesentlichen, Aussagen gedanklich ab.
- Durch (meist unwillkürliche) Abstraktion auf der Grundlage aller bis dahin aufgenommenen Informationen wird der Hauptgedanke, der im betreffenden Textabschnitt nicht in Gestalt eines Satzes ausformuliert vorliegt, gedanklich ausgegliedert.
- Das „Überspringen" nebensächlicher Informationen wird dadurch möglich, dass auf der Grundlage der bis dahin aufgenommenen Informationen bei geschulten Leserinnen und Lesern eine Fortsetzungserwartung hinsichtlich der folgenden Inhalte entsteht. Mit der mehr oder weniger intensiven Vorwegnahme dieser Inhalte fällt auch (meist unwillkürlich) eine Entscheidung darüber, ob es sich um wesentliche oder unwesentliche Informationen handelt.
- Gleichzeitig und zusätzlich orientieren sich geübte Leserinnen und Leser (ebenfalls meist unwillkürlich) über den Charakter der zu erschließenden Informationen anhand der erkennbaren inhaltlichen Struktur des Textes, anhand der textverflechtenden sprachlichen Mittel (Pronomina, Konjunktionen, Satzadverbien usw.) sowie anhand optischer Mittel (z. B. Absätze und Hervorhebungen).

Übungen zur akzentuierten Ausbildung der oben skizzierten *geistig-sprachlichen Operationen:*
Diese Übungen sind dadurch gekennzeichnet, dass jede einzelne von ihnen den wiederholten (häufigen) Vollzug ein und derselben Operation verlangt. Es werden zum Beispiel folgende Übungen vorgeschlagen:
- Übungen im Ausgliedern des Wesentlichen innerhalb von Minitexten (z. B. kurzen Zeitungsmeldungen)
  Beispiele:

„Lies die folgenden Texte und notiere zu jedem Text den wesentlichen Gedanken. (... und finde zu jedem Text eine Überschrift.)"

„Lies die folgenden Texte und verkürze sie so, dass nur die wesentliche Aussage erhalten bleibt."

- Übungen im Vorwegnehmen von Aussagen oder Aussageteilen

  Beispiele:

  „Ergänze in dem folgenden Text die ausgelassenen Wörter (Wortgruppen)."

  „Erschließe die Bedeutung der unterstrichenen Wörter (Wortgruppen) aus dem Kontext. Lies die Textüberschriften. Formuliere zu jeder Überschrift Fragen zum erwarteten Inhalt des Textes."

  „Vervollständige die folgenden Satzfragmente."

  „Bilde mit den folgenden Satzanfängen Sätze."

- Übungen zur Orientierung über die Gliederung des Textinhalts

  Beispiele:

  „Lies den Text. Unterstreiche die sprachlichen Mittel zur Ankündigung, zum Beispiel

  einer Hervorhebung

  eines Beweises

  einer neuen Information."

  „Lies die folgende Biographie ... und gib stichpunktartig in der Muttersprache wieder, wodurch die einzelnen Etappen im Leben ... gekennzeichnet sind."

Aufsuchendes Lesen

Zur kommunikativen Zwecksetzung:

Beim aufsuchenden Lesen – manchmal auch als selektives Lesen bezeichnet – geht es den Leserinnen und Lesern um das gezielte Auffinden bestimmter Informationen in einem gegebenen fremdsprachigen Text. Entweder haben sie den Text schon einmal gelesen und es sind ihnen bestimmte Details entfallen (die sie nun benötigen), oder aber sie vermuten aufgrund der überblicksartigen Kenntnis des Textinhalts, dass die benötigten Details im Text enthalten sind. Diese Details, zum Beispiel eine Mengen-, Datums-, Uhrzeit-, Ortsangabe, eine angeführte Begründung, Bedingung, Folge, ein Ergebnis, eine Meinung usw., braucht er beispielsweise zur Stützung oder Widerlegung eines Arguments. Diese Art des Lesens beruht auf dem komplexen Erfassen größerer Ganzheiten. Die bewusste Analyse und Übersetzung werden dabei fast völlig ausgeschlossen. Das aufsuchende Lesen hat deswegen neben dem lebenspraktischen auch einen relativ großen methodischen Wert: Es fördert das komplexe Erfassen von Ganzheiten beim Lesen insgesamt und hilft, analytisch-übersetzende Prozesse zurückzudrängen.

Zur Auswahl und Gestaltung der Lesetexte:
Hinsichtlich des Schwierigkeitsgrades, der Logik der Gedankenführung sowie der erkennbaren Textgliederung sind an die Texte für das aufsuchende Lesen im Prinzip die gleichen Anforderungen zu stellen wie an die Texte für das Hauptgedanken erfassende Lesen. Dabei fallen allerdings unbekannte Wörter und komplizierte Satzstrukturen wegen des komplexen Erfassens großer Ganzheiten, das fast den Charakter eines „Absuchens" hat, weniger ins Gewicht als beim Hauptgedanken erfassenden Lesen. Unsere Analysen zeigen, dass das aufsuchende Lesen von Schülerinnen und Schülern im Gymnasium selbst bei relativ schwierigen Texten gut bewältigt wird. Eine Voraussetzung dafür ist allerdings, dass sie eine grobe Vorstellung vom Textinhalt besitzen oder zunächst durch orientierendes Lesen gewonnen haben.

Zur akzentuierten Ausbildung von Operationen:
Das rasche Auffinden benötigter Informationen wird über die oben dargestellten

Orientierungsoperationen hinaus vor allem durch folgende geistig-sprachliche Operationen gewährleistet:
- Aus dem Charakter der benötigten Information bzw. aus der Beziehung zum Gesamtinhalt des Textes schließen geübte Leserinnen und Leser, an welcher Stelle diese Information platziert ist (z. B. in der Einleitung, im vorderen oder hinteren Teil, in der Zusammenfassung).
- Es wird gezielt nach Schlüsselwörtern, Schlüsselwortgruppen oder Schlüsselsätzen gesucht, wobei der gesamte Text gleichsam mit einer Schablone danach abgesucht wird, oftmals ohne dass eine Semantisierung bzw. Sinnentnahme erfolgt.

Übungen zur akzentuierten Ausbildung der oben skizzierten *geistig-sprachlichen Operationen:*
Dazu eignen sich unter anderem Übungen folgender Art:
- Übungen zum Abschätzen der Informationsplatzierung
  Beispiel:
  „In welchen Abschnitten des Textes würdest du gezielt nach folgenden Informationen suchen ...?"
- Übungen im Aufsuchen von Schlüsselwörtern, Schlüsselwortgruppen, Schlüsselsätzen
  Beispiele:
  „Suche in dem Text ... folgende Sätze auf! Unterstreiche sie."
  „Bestimme jeweils das Schlüsselwort, wenn du im Text ... folgende Fakten zu suchen hast. Unterstreiche es im Text."
  "Weshalb wird jährlich die Musiksaison mit Werken von ...eröffnet? Unterstreiche die Schlüsselwörter."

Bei den *komplexen Aufgabenstellungen bzw. Kontrollformen* für das aufsuchende Lesen sollte beachtet werden, dass die aufzufindenden bzw. bei der Kontrolle anzuführenden Informationen kurz und leicht erschließbar sind. Andernfalls verschiebt sich der Übungsschwerpunkt. Werden den Schülerinnen und Schülern lange und sprachlich kompliziert formulierte Faktendarstellungen abgefordert, wird nicht deren rasches Auffinden, sondern deren Erschließung durch detailliertes Lesen oder Übersetzen überprüft.

Das aufsuchende Lesen bietet sich besonders auch bei der Vorbereitung von Sprechaufgaben an, wenn es zum Beispiel darum geht, durch die aufgefundenen Fakten eigene Argumente zu untermauern oder fremde Aussagen zu widerlegen. Es bieten sich zum Beispiel folgende Aufgabenstellungen bzw. Kontrollformen an:

„Lies den Text ... und gib an, ob und in welchem Abschnitt Aussagen getroffen werden

- zum Zeitpunkt des Beginns ...

- zu den Kosten ..."

„Lies den Text ... und schreibe die Fakten heraus, die vom Anwachsen der ... zeugen,"

„Gib an, ob in den genannten Abschnitten des Textes ...die folgenden Aussagen enthalten sind." (Die Abschnitte sind nummeriert.)

Während bei der Kontrolle des detaillierten Lesens in der Regel die im gesamten Text enthaltenen Details nahezu vollständig abgefordert werden, handelt es sich beim aufsuchenden Lesen immer nur um einige ausgewählte Fakten.

Detailliertes Lesen

Zur kommunikativen Zwecksetzung:
Beim detaillierten Lesen nehmen die Leserinnen und Leser den Inhalt in seinem ganzen Ausmaß und in seiner Vollständigkeit auf. Vermittelt ein Text völlig

neues Wissen und enthält nur wenig Redundantes und Irrelevantes wird dieser Text mit dem Ziel gelesen, sich dieses Wissen anzueignen, ist ein allumfassendes Verstehen unerlässlich. Andernfalls kommt es zu Trugschlüssen, zu Ungenauigkeiten, zu einem ungefähren Verstehen im Großen und Ganzen. Das detaillierte Lesen unterscheidet sich vom Hauptgedanken erfassenden Lesen dadurch, dass der Textinhalt und die Intentionen der Schreiberin oder des Schreibers vollständig und differenziert erfasst werden. Dabei muss Satz für Satz innerhalb des gegebenen Großkontextes exakt rezipiert und unbekanntes Wortgut erschlossen werden, ohne dass die Informationen aus einer bewussten, tiefgreifenden sprachlichen Analyse gewonnen werden müssen.

Es ist unstrittig, dass jede Leseart Eigenständigkeit besitzt und als solche ausgebildet werden muss. Dabei können in der Praxis bei der Lektüre ein und desselben Textes, zum Beispiel bei unterschiedlicher Textqualität einzelner Abschnitte, auch Kombinationen auf treten, wie sich überhaupt ein entwickeltes Lesekönnen unter anderem durch *Flexibilität bei der adäquaten Wahl der Leseart* je nach Informationsbedürfnis und Textqualität auszeichnet.

Die Erreichung der Leseziele zeitigt **Konsequenzen für die Unterrichtsgestaltung** in den *verschiedenen Schulstufen*, die nachfolgend skizziert werden:

(1) Im *Anfangsunterricht* müssen die Anstrengungen in hohem Maße auf das *Erlernen der Buchstabe-Laut-Beziehungen* gerichtet werden. Das sichere Perzipieren und Apperzipieren von Graphemen und Graphemfolgen ist Grundvoraussetzung für jede Form des Lesens überhaupt. Deshalb gilt das Erlesen von Buchstaben, Buchstabenverbindungen, Wörtern und Sätzen als Schwerpunkt der Leseentwicklung in Klasse 5.

(2) Für die Ausbildung sicherer Buchstabe-Laut-Beziehungen besitzt auch das *laute Lesen im Anfangsunterricht* große Bedeutung, ist doch auch beim stillen Lesen die lautliche Umsetzung in Form innerer Phonation nicht unwesentlich am Verstehen beteiligt. Allerdings muss dabei beachtet werden, dass die Wirkung des lauten Lesens auf die Ausbildung einer synthetischen Lesehaltung widersprüchlich ist: Einerseits fördert dieses durch seine positiven Einfluss auf die Ausbildung der Buchstabe-Laut-Beziehungen sowie der inneren Phonation den Verstehensprozess maßgeblich, andererseits kann die innere lautliche Umsetzung aller Zeichen beim stillen Lesen dazu führen, dass das Wort-für-Wort-Lesen nicht überwunden werden kann. Dadurch wird das für das ganzheitliche Erfassen von Sinneinheiten notwendige „verstehende Vorauseilen" verhindert. Eine Steigerung des Lesetempos ist dann nur bedingt möglich. Deshalb müssen *spezifische Übungen zur Ausprägung der synthetischen Lesehaltung,* wie sie oben beschrieben wurden, spätestens ab Klasse 7 gegenüber Übungen im lauten Lesen dominieren. Letztere verlieren allerdings deswegen keineswegs ihre Berechtigung.

(3) Sobald es das Sprachvermögen der Schülerinnen und Schüler zulässt – etwa ab dem 2. Halbjahr der 5. Klasse – sollen regelmäßig *spezielle Texte* für die Ausbildung einer synthetischen Lesehaltung zugrunde gelegt werden, wenn auch die Menge aus der Sicht des Lesenlernens relativ klein bleiben wird. Erfahrene Kollegen weisen in Verbindung mit dem stillen Lesen immer wieder auf die Notwendigkeit hin,
- Neugier weckende Einstimmungen zu geben und abwechslungsreiche Leseaufgaben zu stellen,
- mit solchen Zeitvorgaben zu arbeiten, die die Schülerinnen und Schüler zur Forcierung des Lesetempos veranlassen, und eine synthetische Lesehaltung gewissermaßen „erzwingen",

- durch textvorbereitende Übungen gegebenenfalls eine für ein vorwiegend synthetisches Lesen zu große Textschwierigkeit zu kompensieren,
- für das Lesen von Texten mit dem Ziel, die Hauptgedanken zu erfassen entsprechende Leseverfahren als *Schrittfolgen* bewusstzumachen. So werden die Schülerinnen und Schüler zum Beispiel dazu angehalten und schließlich daran gewöhnt,

- zunächst die Aufgabenstellung genau zu erfassen, um zu erkennen, welche Informationen zu erschließen sind,
- sich mit Hilfe leicht erschließbarer Textstellen (z. B. Überschriften, Eigennamen, Zahlenangaben) sowie an Signalwörtern und Formmerkmalen im Text allgemein zu orientieren,
- die Textstellen zu markieren, die die jeweils geforderten Informationen enthalten,
- beim Auftreten unbekannter Lexik zu prüfen,

  ob das betreffende Wort für die Gewinnung von Informationen unbedingt erschlossen werden muss oder übergangen werden kann

  ob es durch vor- oder rückgreifende Synthese aus dem Kontext ergänzt werden kann

  ob es auf der Grundlage bekannter Morpheme semantisiert werden kann

  ob das Wörterbuch unumgänglich eingesetzt werden muss.

- In Verbindung mit dem Umgang mit unbekannten Wörtern beim Lesen ist es zweckmäßig, bestimmte Operationen akzentuiert zu üben, z. B.

  - Übungen im Erschließen unbekannter Wörter unter Nutzung von Wortbildungskenntnissen,
  - Übungen im „Erraten" unbekannter Wörter durch vor- oder rückgreifende Synthese aus dem Kontext
  - im „Ergänzen" von (ausgelassenen) Wörtern und Wortverbindungen in Sätzen und Texten

- Übungen im rationellen Wörterbuchgebrauch
- Übungen im raschen Erfassen von immer längeren Aussagen oder Aussageteilen („Erweiterung des Lesefeldes")
- Übungen im Vorwegnehmen von Aussagen oder Aussageteilen (Vervollständigen von Sätzen, im Bilden von Sätzen mit vorgegebenen Satzanfängen)
- Übungen im Orientieren über den Inhalt eines Textes anhand von textverflechtenden sprachlichen Mitteln (Pronomina, Konjunktionen, Satzadverbien usw.)

Uns scheint, dass die in vielen Fremdsprachenlehrbüchern bereitgestellten speziellen Übungen für die Entwicklung des stillen Lesens nicht ausreichen. Sie sind oft zu wenig zielgerichtet und von dem Grundsatz getragen: Lesen wird durch Lesen geübt. Niemand wird diese Maxime bestreiten. Allein deren Realisierung reicht nicht aus, um die gesteckten Ziele zu verwirklichen.

Benutzte Literatur
- Autorenkollektiv unter Leitung von Desselmann, G. und Hellmich, H.: Didaktik des Fremdsprachenunterrichts. VEB Verlag Enzyklopädie, Leipzig 1981.
- Berthold, D.: Wege zur systematischen Verbesserung von Lesefähigkeiten und -fertigkeiten. WZ HfV Dresden 26,1.
- Rückert, G.: Zielsetzung, Textgestaltung und Systematik bei der Entwicklung des synthetischen Lesens. Dissertation A. Leipzig 1967.
- Utheß, H./ Utheß, S.: Zur Weiterentwicklung des Fremdsprachenunterrichts auf der Abiturstufe. Fremdsprachenunterricht 6/1981.
- Utheß, H./ Utheß. S.: Der Lehrplan Russisch der zehnklassigen allgemeinbildenden polytechnischen Oberschule. VWV 1988.

BEI GRIN MACHT SICH IHR WISSEN BEZAHLT

- Wir veröffentlichen Ihre Hausarbeit, Bachelor- und Masterarbeit

- Ihr eigenes eBook und Buch - weltweit in allen wichtigen Shops

- Verdienen Sie an jedem Verkauf

Jetzt bei www.GRIN.com hochladen und kostenlos publizieren